Marlène Thomas

La clé du mystère

AF185703

Ernst Klett Verlag
Stuttgart · Leipzig

Table des matières

1. Auflage   1   9   8   7   6 | 2026   25   24   23

Alle Drucke dieser Auflage sind unverändert und können im Unterricht nebeneinander verwendet werden. Die letzten Zahlen bezeichnen jeweils die Auflage und das Jahr des Druckes.

Redaktion: Frédéric Auvrai
Illustrationen: Sepp Buchegger, Tübingen.
Umschlag: Sabine Koch, Stuttgart.
Druck: Digitaldruck Tebben GmbH, Biessenhofen
Printed in Germany.

ISBN 978-3-12-591860-3

Liebe Schülerinnen und Schüler!

Lesen sollte vor allem Spaß machen. Deshalb findet ihr in *La clé du mystère* nicht nur eine spannende Geschichte, sondern ihr werdet auch einen lebendigen Einblick in den Alltag französischer Jugendlicher erhalten.

Ihr werdet feststellen, dass die Sprache in dieser Geschichte anders klingt als die, der ihr in eurem Schülerbuch begegnet seid. Französische Jugendliche benutzen nämlich gerne das *français familier,* die Umgangssprache. So auch Flora, Thierry und Jan, die Helden dieser Geschichte.

Hier sind ein paar typische Merkmale des *français familier:*

- Vokale werden oft verschluckt: z.B. *T'es géniale!* statt *Tu es géniale!* (S. 20).

- Oft fallen auch ganze Wörter weg wie z.B. in *Y a un problème!* statt *Il y a un problème!* (S. 5), *…mais y a leur numéro de téléphone!* statt *…mais il y a…* (S. 7).

- Jugendliche übertreiben manchmal in ihrer Ausdrucksweise: sie sagen z. B. *Trop cool!* (S. 10)

Wir wünschen euch viel Spaß mit *La clé du mystère!*

Avant la lecture

1. La couverture *(Umschlag)*

a) Qu'est-ce qu'il y a sur la couverture ? Décrivez.

b) Aimez-vous la couverture ? Pourquoi ?

2. Le titre

Cherchez le mot «clé» dans votre dictionnaire *(Wörterbuch)*. Notez plusieurs sens *(mehrere Bedeutungen)*.

3. Quatrième de couverture *(Rückentext)*

Imaginez la suite de l'histoire.

Scène 1

Samedi 30 juin. Hourrah ! C'est les vacances !
Thierry Moreau, 14 ans, et sa sœur Flora, 12 ans, habitent
à Valence. Ils vont rester deux semaines dans l'Ardèche avec
leur mère, dans leur maison de vacances. Elle est à 80 km
de Valence. 5
Jan est là aussi. C'est le copain allemand de Thierry et Flora.
Il est de Munich.

Il est midi. Les enfants font un pique-nique. Cet après-midi,
ils veulent faire du canoë à Vallon-Pont d'Arc.
FLORA : Les garçons, vous avez faim ? Voilà des sandwichs, 10
des tomates et des fruits. Bon appétit !
Les enfants mangent.
THIERRY : Mmmh ! C'est bon ! Maintenant, allons faire du
canoë.
Il est 15 heures. Les enfants achètent des tickets pour un 15
canoë. Thierry et Flora vont dans l'eau et prennent place
dans le canoë.
FLORA : Hé, Jan, qu'est-ce que tu fais ? Y a un problème ? Tu
vas où ?
JAN : Je vais aux toilettes. 20
Quand il sort des toilettes, il ne va pas tout de suite dans
le canoë avec Thierry et Flora, mais il regarde un type sur
un pont. Le type veut lancer un objet brillant dans l'eau,
mais l'objet tombe à côté de Jan. Le type est très en colère.
Il regarde Jan et il pense : « Qu'est-ce que tu fais là, toi ? ». 25
Jan regarde l'objet. Il ne comprend pas.

---

1 **les vacances** die Ferien – 3 **Ardèche** Département, Fluß – 8 **un enfant** ein Kind –
8 **ce/cet dieser/es** *(hier)* **cet après-midi** Heute Nachmittag – 9 **faire du canoë** Kanu
fahren – 21 **sortir** ausgehen – 23 **un pont** eine Brücke – 23 **lancer** werfen – 23 **un
objet** ein Gegenstand – 23 **brillant** glänzend – 24 **en colère** wütend

Dix minutes plus tard :
FLORA : *(à Thierry)* Voilà, Jan arrive. Enfin ! On peut commencer !
THIERRY : Alors, Jan, qu'est-ce que tu fais ?
5 *Jan montre l'objet à ses copains.*
JAN : Regardez !

Scène 2

JAN : C'est un USB-Stick.
FLORA : Un quoi ?
THIERRY : C'est une clé USB ! Jan, c'est à qui ?
10 *Jan explique son histoire.*
JAN : Le type… sur le pont… il est très, très bizarre. Pourquoi est-ce qu'il lance sa clé USB dans l'eau ?
FLORA : Allez, on va faire du canoë ! Après, on va rentrer à la maison et regarder sur l'ordinateur.
15 THIERRY : Oui, avec l'ordinateur, on peut trouver des informations intéressantes… mais nous avons un problème : la clé est mouillée… Est-ce qu'on va pouvoir regarder les documents ?

Scène 3

Les enfants sont très curieux. Ils rentrent à la maison. Ils 20 *sont maintenant dans la chambre de Thierry, devant l'ordinateur.*

---

2 **enfin** endlich – 8 **quoi** was – 9 **une clé USB** USB-Stick – 19 **curieux, -euse** neugierig

FLORA : Alors Thierry, est-ce que tu peux ouvrir les documents ?

THIERRY : Oui. Il y a dix vidéos et un document WORD©.

JAN : Alors, clique d'abord sur le document WORD©.

THIERRY : Là, il y a une liste de noms et de prénoms de 5 filles.

JAN : Bof, s'il n'y a pas leur adresse, ce n'est pas très intéressant…

THIERRY : Non, il n'y a pas leur adresse, mais y a leur numéro de téléphone ! 10

JAN : Ah, ça, c'est déjà plus intéressant. Allez, on regarde les films !

FLORA : Oui, clique sur „Film n°1".

Dans le film, il y a une fille, 15-16 ans, dans une cuisine.

FLORA : Qu'est-ce qu'elle fait ? Elle mange ? 15

JAN : Non, elle est à table, mais elle ne mange pas.

FLORA : Pourquoi ?

JAN : Euh… je pense qu'elle pleure. Regardez bien, oui, elle pleure.

---

1 **ouvrir** öffnen – 18 **pleurer** weinen

FLORA : Et maintenant, elle discute avec quelqu'un… Elle crie. Oh là là, elle se dispute avec…

JAN : Avec qui ?

THIERRY : Avec son père ou sa mère, je pense.

5 *C'est la fin du film.*

JAN : Il n'est pas marrant, le film. Mais, la fille est très jolie.

FLORA : Moi, j'ai un peu peur. Je n'aime pas ça !

THIERRY : On regarde les films 2 à 10 ?

FLORA : Non, non, et non. Je n'ai pas envie. Et toi, Jan ?

10 **JAN** : Moi, bof !

THIERRY : C'est dommage. Moi, je veux regarder les films.

Thierry clique sur « Film n°2 ».

Scène 4

JAN : Ça alors, c'est encore une fille. Elle aussi, elle pleure, elle crie et elle se dispute avec une personne dans la

15 cuisine. Bizarre…

THIERRY : Oui, bizarre, mais… intéressant ! Qu'est-ce qu'il y a sur le film n°3 ?

Ils regardent le film n°3, puis les films n°4 et 5, et c'est toujours la même histoire.

20 **FLORA** : Je ne comprends pas. Pourquoi est-ce qu'il y a toujours les mêmes films ?

THIERRY : *(regarde le film n°6)* Hé, regardez ! Y a une affiche dans la cuisine. Je vais zoomer sur l'affiche !

---

1 **quelqu'un** jemand/-en/-em – 2 **crier** schreien – 2 **se disputer** streiten – 6 **joli, e** hübsch – 19 **le, la même** derselbe/dieselbe/dasselbe – 23 **zoomer** zoomen

Casting
pour le film » Taxi 4 «

Premier tour : samedi 30 juin, à 10 h 00

Deuxième tour : dimanche 01 juillet à 14 h 00

à Valence, salle des fêtes

FLORA : C'est un casting ! Les filles veulent faire du cinéma !
Et la liste des noms dans le document Word, alors
c'est…

JAN : La liste des candidates !

THIERRY : C'est très bizarre, cette histoire. Mais samedi 30   5
juin, c'est…, c'est aujourd'hui ! … alors… ce sont les
films d'aujourd'hui ! Je veux aller demain à Valence,
pour le deuxième tour du casting.

JAN : Moi, aussi.

FLORA : Alors, on va demander à Maman. Mais est-ce   10
qu'elle va être d'accord pour rentrer à Valence ?

Et si Madame Moreau n'est pas d'accord, qu'est-ce qu'ils
vont faire ?

Affiche **premier, -ère** erster/-es/-e – **un tour** *(hier)* eine Runde – **deuxième**
zweiter/-es/-e
1 **faire du cinéma** in einem Kinofilm spielen/Schauspieler werden – 5 **cette**
diese

9

Scène 5

Madame Moreau prépare le dîner dans la cuisine.

MME MOREAU : Les enfants, vous mettez la table, s'il vous
plaît. Le dîner est bientôt prêt. Il y a une quiche !

FLORA : *(dans la chambre de Thierry)* Une quiche, trop cool !
5   On arrive ! Les garçons, qu'est-ce qu'on dit à Maman ?

JAN : Chut ! On ne parle pas de notre histoire. On dit qu'on
voudrait bien aller au casting à Valence, c'est tout.

Dans la cuisine, les enfants mangent la quiche.

FLORA : Dis donc, Maman, y a un casting pour un film,
10   demain après-midi, à Valence. C'est sympa, un casting,
non ?

MME MOREAU : Un casting ? A Valence ? Mais pour un
casting, on se prépare !

FLORA : On veut juste regarder. Oh Maman, s'il te plaît, c'est
15   les vacances…

THIERRY : Maman, on adore le cinéma. C'est pour un film : il
s'appelle „Taxi 4“.

Madame Moreau regarde les enfants. Ils sont tristes…

MME MOREAU : Euh… Bon, c'est d'accord.

20 FLORA ET THIERRY : Trop cool ! Merci, Maman !

JAN : Merci, Madame Moreau.

---

1 **le dîner** das Abendessen – 6 **on voudrait** wir möchten – 13 **se préparer** sich
vorbereiten – 14 **juste** seulement – 18 **triste** traurig

Scène 6

Dimanche 1ᵉʳ juillet. Il est 14 h 00. Les enfants arrivent enfin
devant la salle des fêtes.

JAN : C'est grand, ici. Il y a 5 salles de concert. Le casting,
    c'est dans la grande salle.
Les enfants arrivent devant une grande salle de concert. 5
Là, il y a une affiche : « Casting pour le film Taxi 4, 2ᵉ tour ».
Ils veulent entrer dans la salle, mais…
JAN : *(montre un type à Flora et à Thierry)* Hé, le type, là-
    bas, avec une casquette, c'est le type bizarre de Vallon-
    Pont d'Arc. Qu'est-ce qu'il fait ici ? Nous avons la clé 10
    USB maintenant. Alors, pourquoi est-ce qu'il veut aller
    au casting ?
THIERRY : Je ne sais pas, mais regarde : le type reste dans
    le couloir, il n'entre pas dans la salle du casting.
JAN : J'ai une idée. Vous allez au casting et moi, je reste 15
    derrière le type.
THIERRY : Non, non, pas toi. Je ne veux pas. C'est dangereux.
    Le type sait qui tu es. Flora et toi, vous allez au casting
    et moi, je vais suivre le type. OK ?

Le casting commence. 20
Le type reste cinq minutes dans le couloir, puis il va vers la
salle de casting. Thierry pense que le type va entrer, mais
non. Le type prend un couloir, puis un escalier, puis encore
un escalier, puis un autre couloir. Mais qu'est-ce qu'il veut
faire ? 25

---

3 **grand, e** groß – 8 **là-bas** dort/dorthin – 16 **derrière** hinter – 17 **dangereux, -euse**
gefährlich – 18 **savoir** wissen – 19 **suivre** folgen – 21 **vers** zu *(in Richtung)* –
24 **autre** anderer/-e/-es

Scène 7

Dans la salle, le directeur explique la scène du casting au public. C'est une scène comique. Cinq candidates vont commencer.

JAN : Je voudrais prendre des photos.

5 FLORA : Non, tu ne peux pas.

JAN : Zut !

FLORA : Jan, regarde… il n'y a pas dix candidates, mais neuf ! Qui n'est pas là ?

JAN : Euh… la candidate du film n°1, je pense. Oui, c'est ça,

10 elle n'est pas là. C'est dommage ! Elle a du talent.

FLORA : Ah oui, c'est vrai. C'est bizarre.

Le public rigole beaucoup. Maintenant, c'est la pause. Flora et Jan veulent discuter avec le directeur de casting.

FLORA : Bonjour, Monsieur. Je m'appelle Flora, et voilà Jan.

15 LE DIRECTEUR : *(nerveux)* Bonjour, les enfants. Qu'est-ce que vous voulez ? Vite, je n'ai pas le temps… Je cherche quelque chose depuis hier.

JAN : Qu'est-ce que vous cherchez ?

---

2 **le public** das Publikum – 2 **comique** witzig/lustig – 15 **nerveux, -euse** aufgeregt/ nervös – 17 **quelque chose** etwas

LE DIRECTEUR : Ben…

JAN : Ça, c'est à vous ?

LE DIRECTEUR : Euh… oui ! Depuis hier, je cherche cette
clé ! C'est MA clé ! Ma clé USB ! Merci beaucoup ! Mais
pourquoi est-ce que vous avez ma clé ? 5

*Jan explique son histoire. Le directeur ne comprend pas
bien. Qui est le type du pont ? Qu'est-ce qu'il veut ?*

FLORA : Monsieur le directeur, la jeune fille du film n°1 n'est
pas là aujourd'hui. Elle est où ?

LE DIRECTEUR : Je ne sais pas… c'est vraiment dommage. 10
Elle s'appelle Marie, elle est super. Elle joue très bien.

JAN : Et elle est très jolie !

LE DIRECTEUR : Oui. Vraiment, je ne comprends pas pourquoi
elle n'est pas là. J'ai une idée : sur ma clé USB, il y a son
numéro de téléphone. Je vais téléphoner tout de suite. 15

*Le directeur téléphone. Le portable de Marie sonne, mais
Marie ne répond pas.*

Scène 8

8 **une jeune fille** eine junge Frau

Thierry suit toujours le type. Tout à coup, un portable sonne.
Thierry regarde si c'est son portable ? Mais non, ouf ! C'est
le portable du type. Bizarre, il ne répond pas. Il reste là. Est-
ce qu'il attend quelqu'un ? Thierry ne bouge pas. Il attend
5 *aussi. Deux minutes plus tard, le type va vers une autre salle*
de concert, au sous-sol. Là, il met des lunettes... bizarre...
puis prend dans son sac un sandwich et une bouteille d'eau.
Il ouvre ensuite la porte de la salle de concert avec une clé !
Thierry reste dans le couloir. Une minute plus tard, le type
10 *sort.*

THIERRY : *(il pense)* « Où est le sandwich ? Et la bouteille ?
Et pourquoi est-ce qu'il met des lunettes ? ».
Le type ferme la porte avec la clé et s'en va. Cinq minutes
plus tard, il entre dans la salle du casting.

Scène 9

15 *Dans la salle, la candidate n°10 commence. Elle joue une*
scène comique et le public rigole beaucoup.
Thierry cherche Jan et Flora. Ils sont là, devant. Jan cache
son visage avec un programme du casting parce que le type
n'est pas très loin.

20 THIERRY : *(à voix basse)* Il y a encore combien de candidates ?

FLORA : Chut ! Ça, c'est la candidate n°10.
A la fin de la scène, le public applaudit. Le type bizarre
applaudit très fort. Maintenant, il y a une pause de cinq
25 *minutes et après, le directeur va donner le résultat.*

THIERRY : Mais il y a neuf candidates, pas dix ! Qui n'est pas
là ?

---

3 **répondre** antworten – 4 **attendre** warten – 6 **au sous-sol** im Untergeschoss –
8 **une porte** eine Tür – 8 **une clé** ein Schlüssel – 13 **fermer** schließen –
13 **il s'en va** er geht weg – 17 **cacher** verstecken – 18 **le visage** das Gesicht –
20 **à voix basse** leise – 23 **applaudir** klatschen – 24 **très fort** *(hier)* sehr viel –
25 **donner** geben

JAN : C'est la fille du film n°1. Elle s'appelle Marie.

THIERRY : Mais elle est où ? C'est dommage. Sur la vidéo, elle joue très bien et elle peut gagner !

FLORA : Oui, c'est vrai. Le directeur est très étonné parce qu'elle n'est pas là aujourd'hui pour le 2ᵉ tour. Il 5 téléphone à Marie sur son portable, mais… pas de réponse.

THIERRY : Ce n'est pas normal.

JAN : Dis donc, Thierry, le type, qui est-ce ?

THIERRY : Je ne sais pas vraiment. Il travaille ici, je pense, 10 parce qu'il a une clé de la salle de concert, au sous-sol.

JAN : Est-ce que c'est le concierge ?

FLORA : Chut ! Le directeur donne le résultat. Ecoutez !

LE DIRECTEUR : Et voilà la gagnante : c'est la candidate n° 10 ! Bravo, vous avez le rôle ! 15

Le public applaudit. Le type applaudit encore très fort. Puis il va vers la gagnante. Il embrasse la jeune fille sur les deux joues. Ils discutent avec le directeur, puis le type et la gagnante quittent la salle.

Scène 10

THIERRY : Je veux discuter avec le directeur. 20

JAN : Pas de problème, il est très sympa.

Les enfants vont vers le directeur.

JAN : Pardon, Monsieur, j'ai une question. Le type avec la gagnante, c'est le concierge ?

LE DIRECTEUR : *(il rigole)* Non, non, ce monsieur ne travaille 25 pas ici. Ce n'est pas le concierge.

JAN : Mais qui est-ce alors ?

---

4 **étonné, e** erstaunt – 10 **travailler** arbeiten – 12 **le concierge** der Hausmeister –
14 **un(e) gagnant(e)** Gewinner/-in – 17 **embrasser** küssen – 18 **la joue** die Wange –
19 **quitter** verlassen

LE DIRECTEUR : C'est le frère de la candidate n° 10, la gagnante, c'est tout. C'est dommage pour Marie, la candidate n°1, parce qu'elle joue très bien, mais elle n'est pas là aujourd'hui, alors elle ne peut pas gagner.

5 JAN : Mais si le type ne travaille pas ici, pourquoi est-ce qu'il a les clés des salles, alors ?

LE DIRECTEUR : Vous rigolez ? Il a les clés ?

THIERRY : Oui, il a la clé de la salle de concert au sous-sol.

LE DIRECTEUR : Comment ?

10 JAN : Oui, et il avait aussi votre clé USB ! C'est le type du pont !

LE DIRECTEUR : Le type du pont ? C'est un voleur, alors !

THIERRY : Je… je comprends tout maintenant. Ecoutez bien : Marie est ici et elle est peut-être en danger.

15 LE DIRECTEUR : Ici ? Où ? Et pourquoi en danger ?

THIERRY : Moi, je sais où. Au sous-sol, dans la salle Mozart.

LE DIRECTEUR : Alors, si c'est vrai, allons tout de suite chez le concierge. Il a une clé de la salle. Vite !

Ils vont à l'accueil. Le concierge est là.

20 LE CONCIERGE : C'est bizarre. La clé de la salle Mozart n'est pas là. Où est-ce qu'elle peut bien être ?

LE DIRECTEUR : Mais si on n'a pas la clé, on ne peut pas ouvrir la salle ! Et Marie, alors ?

LE CONCIERGE : Ecoutez. J'ai un passe-partout. Allons tous

25 ensemble à la salle Mozart.

LE DIRECTEUR : Vite, vite !

Ils arrivent devant la salle. Le concierge ouvre la porte et ils entrent. Marie est là, seule, dans le noir. Elle pleure…

---

7 **vous rigolez** *(hier)* Sie machen Witze – 10 **il avait** er hatte – 12 **un voleur** ein Dieb – 13 **tout** alles – 14 **peut-être** vielleicht – 14 **en danger** in Gefahr – 19 **l'accueil (un)** der Empfang – 24 **un passe-partout** Generalschlüssel – 28 **dans le noir** *(hier)* im Dunkel

Scène 11

LE DIRECTEUR : Marie ! Marie ! Qu'est-ce que vous faites là ?
Marie pleure encore plus fort.
MARIE : J'ai soif.
FLORA : Oui, voilà une bouteille de jus d'orange.
MARIE : Merci.   5
Marie prend la bouteille, puis elle raconte :
MARIE : *(elle pleure toujours)* Hier, je lis un SMS sur mon
portable :

MARIE : Alors à 13 h 00, j'entre dans la salle Mozart. Je suis
seule. Tout à coup, on éteint la lumière. Un type saute   10
sur moi et prend mon portable. Je tombe. On ferme
la porte à clé derrière moi, et je reste là, seule dans le
noir.

---

7 **lire** lesen – 10 **éteindre** ausschalten – 10 **la lumière** das Licht – 10 **sauter**
springen

Jan : Le type, c'est le frère de la candidate n°10… C'est aussi le type du pont.

Thierry : Oui, c'est le même type : il prend la clé USB, la clé de la salle Mozart et le portable de Marie ! Elle ne peut
5   pas répondre quand son portable sonne !

Le directeur : *(en colère)* C'est très, très grave ! Ce type est un voleur, un bandit ! Je téléphone tout de suite à la police.

Le directeur quitte la salle.

10 **Flora** : Marie, ça va ?

Marie : Non, pas très bien. Je veux rentrer à la maison.

Jan : Tu habites où ?

Marie : A côté de Valence.

Thierry : Ma mère a une voiture. Tu vas rentrer avec nous.

15 **Marie** : Oh, merci. C'est gentil !

Le directeur arrive.

Le directeur : Ecoutez Marie ! La candidate n°10 va signer le contrat ce soir, à 18 h 00. Mais moi, je ne vais pas signer.

20 **Marie** : Pourquoi ?

Le directeur : Parce que je vous invite ici, demain, à 10 h 00, à la salle des fêtes. Vous allez jouer une scène comique, comme les autres candidates aujourd'hui. Et si vous jouez bien, vous pouvez encore gagner. D'accord ?

25 **Marie** : Oh oui, merci… merci… C'est vraiment sympa. J'ai de la chance.

Le directeur : *(il regarde Jan, Thierry et Flora)* Et vous, les enfants, si vous voulez, vous pouvez aussi être là demain à 10 h 00 avec nous.

30 **Les trois enfants** : Oh, super !

---

14 **une voiture** ein Auto – 17 **signer** unterschreiben – 18 **un contrat** ein Vertrag

Le DIRECTEUR : Maintenant, je retourne à la salle du casting. Au revoir ! A demain !

MARIE : Au revoir, Monsieur le directeur.

LES TROIS ENFANTS : Au revoir, Monsieur !

JAN : Attendez, s'il vous plaît. Mais qu'est-ce que vous allez 5 faire avec ce bandit ?

Le DIRECTEUR : Le type va arriver avec sa sœur dans deux heures pour le contrat… mais avant, j'ai rendez-vous avec la police !

Il est 17 h 30. Le directeur est maintenant devant la salle. 10
La police est déjà là. Les agents de police se cachent derrière la porte. Ils ne bougent pas.

A 18 h 00, devant la salle des fêtes. Le directeur attend la gagnante. Elle arrive avec son frère. Ils rigolent. Avec le directeur, ils vont vers la salle du casting. Ils entrent dans 15
la salle et hop ! Les agents arrêtent le bandit. Il crie, mais c'est trop tard.

---

1 **retourner** *(hier)* zurückgehen – 5 **Attendez** Warten Sie mal – 16 **arrêter** *(hier)* verhaften

Scène 12

Lundi 2 juillet. Le type est en prison. A 10 h 00, le directeur et Marie sont dans la salle des fêtes. Les trois enfants sont là aussi.

Marie joue la scène comique. Elle joue très, très bien. Tout le
5 *monde applaudit très fort.*

FLORA : Bravo, Marie !

JAN : T'es géniale !

THIERRY : Bravo, tu vas gagner !

LE DIRECTEUR : Marie, je suis très content ! C'est vous, Marie,
10   la gagnante du casting ! Vous allez jouer dans mon film !

La jeune fille est très heureuse.

LE DIRECTEUR : Les enfants, vous aussi, vous êtes super. Je
    voudrais faire quelque chose pour vous. Vous voulez
15   jouer dans mon film en août, avec Marie ? Je cherche
    encore des figurants.

JAN : Oh…

FLORA : … un rôle…

THIERRY : … dans un film…

20 JAN : … avec Marie !

Les enfants sont très heureux.

THIERRY : Merci, Monsieur le directeur, merci beaucoup !

LE DIRECTEUR : Mais j'ai encore une idée : je voudrais faire
    un autre film plus tard, un film sur… sur votre histoire,
25   et avec vous bien sûr !

LES TROIS ENFANTS : Aaaah !

FLORA : Encore un film, génial !

JAN : …avec Marie. Oh là là !

FLORA : Alors, nous allons avoir un vrai rôle !

30 THIERRY : Oui, et nous allons être les stars dans…

LES TROIS ENFANTS : … « LA CLE DU MYSTERE ! »

---

1 **en prison** im Gefängnis – 4 **tout le monde** alle – 12 **heureux, -euse** glücklich –
16 **un figurant** ein Statist

Pendant la lecture

Scène 1
1. Qui est-ce ?
Thierry Moreau est
☐ le copain allemand de Jan
☐ le frère de Flora
☐ le père de Mme Moreau

2. Cherchez sur une carte :
– la ville (Stadt) de Valence
– le département de l'Ardèche et le village Vallon-Pont d'Arc
– Il y a une rivière *(Fluß)* à Vallon-Pont d'Arc. Elle s'appelle comment ?

Scène 2
Jeu de sons : Cherchez 3 mots avec le son « on ». Qu'est–ce que vous remarquez *(Was fällt euch auf)* ? Ecrivez une mini-histoire avec les 3 mots.

Scène 3
Complétez :
Dans sa chambre, Thierry a un…
Avec la clé USB, il peut ouvrir des…
Les enfants peuvent regarder dix…
A la fin de la scène, Thierry… sur le film n°2.

Scène 4
1. Cherchez les mots avec le son « an/en ». Faites une liste et soulignez le son.
2. Lisez l'affiche. Faites des phrases. *(stattfinden = avoir lieu)*

Scène 5
Sketch : jouez la scène 5.

Scène 6

Trouvez les six mots cachés de la scène 6 dans la grille.

(couloir, prennent, grand, combien, fêtes, suivre)

P	D	E	G	Y	F	M	E
M	R	X	R	D	E	J	S
O	I	E	A	L	T	N	C
Q	O	A	N	L	E	F	A
O	L	O	D	N	S	F	L
S	U	I	V	R	E	N	I
C	O	M	B	I	E	N	E
A	C	H	D	O	C	H	T

Scène 7

1. Devinette : C'est un appareil. C'est pratique. C'est en métal. Avec cet appareil, on peut téléphoner. Qu'est-ce que c'est ?

2. Vrai ou faux ? *(Richtig oder falsch ?)*

	vrai	faux
Il y a dix candidates.		
Jan veut prendre des photos.		
La candidate n°10 n'est pas là.		
Thierry va discuter avec le directeur.		
Le directeur cherche son portable.		
Le directeur téléphone à Marie.		

Scène 8

1. Qu'est-ce que c'est ?

Les élèves forment deux équipes *(zwei Mannschaften bilden)*.

Au tableau, un élève fait le dessin d'un mot de la scène 8. Trouvez le mot.

2. Anagrammes : trouvez des mots de la scène 8 :
Complétez le texte :
Deux UIMNETS _____ plus tard, il prend un
CSIAELRE _____, puis un ROLICUO _____.
Devant la salle, il prend une LLBUEOTIE _____
dans son sac. Est-ce qu'il a IAMF _____ ?

Scène 9
1. Le type
☐ est le concierge
☐ a une clé de la salle au sous-sol
☐ n'est pas un voleur

Marie
☐ est la sœur du type
☐ est dans la salle Mozart
☐ n'est pas en danger

2. Sketch : Jouez la scène 9 jusqu'à *(bis)* « vous allez jouer dans mon film. »

Scène 10
1. Sketch : Jouez la scène.
2. Quel est l'intrus ?
clé – porte – fermer – SMS – salle

Scène 11
Mots coupés :

gra-	-vite
beau-	-jourd'hui
in-	-ve
en-	-main
au-	-coup
de-	-trer

Scène 12

Anagrammes : trouvez des mots de la scène 12.

EÈSTYRM	
ELÔR	
RSITHIOE	
NIORPS	
ÉLAIGN	
NRGAFTUI	

Après la lecture

1. A vous !

a) Trouvez un titre pour chaque scène.

b) Organisez le concours du meilleur titre pour chaque scène.

2. Recherche Internet :

a) Cherchez des informations sur Vallon-Pont d'Arc et les gorges de l'Ardèche.

b) Avec ces informations, réalisez une brochure sur la région.

3. Faites un résumé de „La clé du mystère"

Formez des groupes :

groupe 1 : scènes 1 à 3

groupe 2 : scènes 4 à 6

groupe 3 : scènes 7 à 9

groupe 4 : scènes 10 à 12